# Déflation et liberté

Guido Hülsmann

traduit par Stéphane Couvreur
de l'Institut Coppet

Paris, novembre 2014
Institut Coppet
www.institutcoppet.org

## AVANT-PROPOS

Je suis très heureux de voir ce petit essai publié. Lorsque je l'ai écrit et présenté, il y a plus de cinq ans, il fut bien accueilli par les universitaires ayant une formation en économie autrichienne. Cependant, il fut rejeté par ceux qui n'avaient pas ce regard, qui ne l'ont pas compris. Pour atteindre une audience plus large, un court essai n'était pas suffisant. J'ai donc décidé de ne pas publier *Déflation et liberté* et j'ai entamé la rédaction de *L'éthique de la production de monnaie*, une présentation du raisonnement sous la forme d'un traité plus volumineux, lequel vient juste d'être publié par l'institut Ludwig von Mises.

Les Américains vont devoir faire face à un choix important avec la crise actuelle. Ils peuvent opter pour une politique destinée à préserver le système existant basé sur une monnaie à cours forcé, qui a mis les banques et les marchés financiers dans le triste état que nous connaissons. Ou bien, ils peuvent choisir de restaurer un marché libre de la monnaie et de la finance. La seconde alternative exige que l'État s'en tienne à une stricte politique de laissez-faire. Il ne doit plus produire de la monnaie, ni demander à l'une de ses branches d'en produire. Il ne doit plus forcer les citoyens à utiliser du papier-monnaie par le biais des lois de cours légal. Il ne doit plus réglementer les activités bancaires ni les marchés financiers. Il ne doit plus essayer de manipuler les taux d'intérêt, le prix des actifs financiers, ou celui des matières premières.

Certes, ce sont là des mesures radicales selon les standards actuels, et il ne faut guère s'attendre à ce qu'elles suscitent l'enthousiasme. Mais ce manque d'adhésion s'explique par l'ignorance et la peur.

Pratiquement tous les spécialistes de la monnaie et de la finance — c'est-à-dire les banquiers centraux et la plupart des professeurs d'université — nous expliquent que la Fed, malgré tous ses efforts, n'a pas pu arrêter la crise ; que la monnaie, la banque, et la finance n'ont pas vocation à être libres, car cela conduit au désastre, même lorsque l'État est fortement présent sur les marchés financiers, en tant que régulateur, et en tant que producteur de monnaie ; que notre système monétaire présente des avantages considérables, dont nous serions bien sots de nous priver. Ces mêmes experts nous conseillent donc de confier à l'État un rôle encore plus grand sur les marchés financiers, d'accroître ses pouvoirs réglementaires, et d'encourager encore plus la production de monnaie afin de financer les plans de sauvetage.

Mais toutes ces considérations sont fausses, comme les économistes l'ont démontré à maintes reprises depuis Adam Smith et David Ricardo. Un système basé sur du papier-monnaie n'apporte aucun bénéfice dans l'ensemble. Il ne crée pas les ressources réelles nécessaires à notre bien-être. Il ne fait que redistribuer les ressources existantes ; certains y gagnent, d'autres y perdent. C'est un système qui rend les banques et les marchés financiers vulnérables, parce qu'il les incite à supprimer deux amortisseurs indispensables dans les affaires : la trésorerie et les fonds propres. Pourquoi conserver une encaisse de trésorerie significative, si la banque centrale se tient prête à vous accorder n'importe quel montant à n'importe quel moment ? Pourquoi dépenser votre propre argent, si la planche à billets peut vous fournir du crédit bon marché pour financer vos investissements ?

La réponse est dans la question. La crise n'est pas survenue en dépit de nos autorités monétaires et financières. Elle est survenue à cause d'elles.

Mais il faut aussi tenir compte de la peur. Si nous suivons une politique de laissez-faire, nous disent la majorité des experts, l'industrie bancaire, les marchés financiers, et une bonne partie de l'économie seront entraînés dans une spirale sans fonds.

Cet essai affirme que ceci n'est qu'une demi-vérité. Il est vrai qu'en l'absence de toute intervention publique, on assisterait à une spirale déflationniste. Il n'est pas vrai que cette spirale serait sans fonds et engloutirait toute l'économie. Ce ne serait pas un risque mortel pour le niveau de vie et le bien-être de la population. La déflation ne détruit que les entreprises et les industries qui vivent, comme des parasites, aux dépens du reste de l'économie, et qui ne doivent leur survie qu'à notre système de papier-monnaie actuel. Même à court terme, par conséquent, la déflation ne diminue nos revenus réels que dans une faible proportion. Et elle poserait les bases d'une croissance très substantielle à moyen et long terme.

Nous ne devons pas redouter la déflation. Nous devons la chérir autant que nos libertés.

Jörg Guido Hülsmann
Angers, France
Octobre 2008

I. UN SIÈCLE D'INFLATION

Le vingtième siècle aura été celui de l'État omnipotent. Dans certains pays, des gouvernements totalitaires ont pris le pouvoir en un éclair à l'occasion d'une révolution — une mauvaise stratégie, apparemment, puisque aucun de ces gouvernements n'a survécu. Mais dans les autres pays, le totalitarisme n'est pas apparu tout d'un coup tel Vénus surgissant des flots. Aux États-Unis et dans la plupart des pays européens, l'État a grossi lentement mais régulièrement, et si l'on n'y met pas un terme cette croissance aboutira un jour au totalitarisme, bien que cet horizon nous paraisse encore très éloigné.

Le fait est que, dans tous les pays occidentaux, l'État a grossi plus rapidement que l'économie durant le siècle écoulé. Ses manifestations les plus visibles sont l'État-providence et l'État-guerrier. [1] La croissance de l'État-providence n'aurait pas été possible sans l'inflation, que nous définirons ici comme l'augmentation de la monnaie de base et des titres financiers convertibles en monnaie de base à première demande. [2] La production incessante de dollars en papier-monnaie et la mise en place de facilités de crédit toujours nouvelles par la Réserve Fédérale ont fourni les liquidités nécessaires pour une augmentation démultipliée des comptes bancaires et des autres substituts monétaires, qui à leur tour ont permis une explosion sans précédent de la dette publique. La dette publique américaine est actuellement (en décembre 2002) de 6 200 milliards de dollars, alors qu'elle était de 2 000 milliards au début des années 1980, et de moins de 1 000 milliards jusqu'à l'avènement du papier-monnaie au début des années 1970, lorsque le président Nixon a refermé la fenêtre or.

Le lien entre un dollar en papier-monnaie et la croissance exponentielle de la dette publique est bien connu. Du point de vue des créanciers, le gouvernement fédéral contrôle la Réserve Fédérale — qui détient le monopole de la production de dollars en papier-monnaie — et il ne pourra par conséquent jamais faire faillite. Si nécessaire, le gouvernement fédéral peut produire suffisamment de dollars pour payer ses dettes. Les bons du Trésor bénéficient donc d'une garantie qu'aucun autre emprunteur ne peut offrir. Et le gouvernement fédéral peut accroître sans limite ses activités et les financer en émettant de la dette même s'il n'y a aucun espoir que ces dettes puissent un jour être remboursées par des recettes fiscales. Il en résulte qu'un gouvernement qui contrôle la production de papier-monnaie peut croître pratiquement sans limite.

Parmi les nombreuses causes qui contribuent à cette situation, il faut déplorer un certain manque de résistance de la part des économistes professionnels. Dans cet essai je répondrai à une idée fausse, très répandue parmi les économistes et les intellectuels, qui explique leur manque de détermination pour combattre l'inflation. Beaucoup d'économistes ont reculé précisément dans les moments où leur engagement contre l'inflation aurait été le plus utile, lors des quelques épisodes critiques où le système inflationniste était sur le point d'imploser. Au lieu d'analyser objectivement la situation, ils se sont mis à redouter la déflation plus que l'inflation, et ont donc préconisé la réinflation — qui n'est jamais autre chose que plus d'inflation. [3]

Les États-Unis ont connu deux de ces épisodes critiques : la grande dépression, et la petite dépression que nous traversons actuellement dans le sillage de la première bulle boursière mondiale. Aujourd'hui comme alors, l'hypothèse concrète d'une implosion monétaire déflationniste ne peut être exclue. En novembre 2002, des représentants de la Réserve Fédérale (Greenspan, Bernanke) et de la Banque d'Angleterre (Bean) ont déclaré qu'ils étaient prêts à créer des quantités illimitées de monnaies pour faire reculer la déflation. Ceci est généralement considéré de nos jours comme l'orthodoxie en matière en politique monétaire. Beaucoup de ceux qui avaient critiqué l'inflation ces dernières années ont convenu que, vu les circonstances, un peu d'inflation pouvait être utile pour combattre la déflation. Certains d'entre eux font remarquer qu'il n'y a pas encore la moindre déflation, et qu'il n'est donc pas nécessaire de relancer la planche à billets. Mais, d'un autre côté, ils reconnaissent que si d'aventure une déflation importante apparaissait, il deviendrait politiquement indispensable d'augmenter les dépenses, et que, pour financer ces dépenses, le gouvernement n'aurait plus qu'à s'endetter et les banques centrales à imprimer de la monnaie. [4]

On retrouve ces idées même chez certains économistes autrichiens. Ludwig von Mises, Hans Sennholz, Murray Rothbard, et d'autres Autrichiens, sont réputés pour leur opposition sans concession à l'égard de l'inflation. Mais seul Sennholz a eu le courage de prôner la déflation et la dépression dans le but d'abolir la monnaie à cours forcé et de remettre en place un système monétaire fiable. Mises et Rothbard, à l'inverse, n'ont défendu la déflation que dans la mesure où elle facilitait l'ajustement de l'économie lors de la crise qui succède à une bulle inflationniste. Mais ils ont cherché, explicitement (Mises) ou implicitement (Rothbard), à éviter la déflation dans tous les autres cas. En particulier, dans leurs projets de réforme monétaire, Mises comme Rothbard ont proposé de redéfinir le prix de l'or en termes de papier-monnaie pour rétablir la convertibilité. [5]

Le principal défaut de ce plan est que le processus de réforme doit être piloté par des institutions et des personnes, celles-là même qui vont être supprimées après la réforme. De plus, on peut se demander s'il est bien légitime que nos autorités monétaires utilisent leurs réserves d'or pour sauvegarder leur papier-monnaie, alors qu'elles en ont pris possession à travers une confiscation. Il n'est donc pas évident qu'un projet de réforme à la Mises et Rothbard soit compatible avec les principes légaux et moraux du libéralisme que Rothbard défend dans ses autres travaux.

Mais il reste à traiter une dernière question : du point de vue économique, en quoi la déflation de la masse monétaire pose-t-elle problème ? Cette question sera au cœur de notre réflexion, qui peut heureusement s'appuyer sur l'analyse de la déflation par Rothbard, dans laquelle il montre en particulier le rôle positif de la déflation pour accélérer l'ajustement de la structure de production après une crise financière. Aucun économiste ne semble avoir voulu poursuivre sérieusement l'étude de la déflation et de ses effets sur le fonctionnement du marché, et de ses conséquences sociales et politiques. À la vérité, la déflation est devenue le bouc émissaire de la profession d'économiste. Elle n'est pas étudiée, mais ridiculisée. Après un siècle de propagande inflationniste, on assiste à un consensus presque absolu sur le sujet. [6] Où que l'on se tourne, la déflation est toujours présentée en termes négatifs, et l'auteur s'empresse de poser la lutte contre la déflation comme le B A BA de la gestion de l'économie. Des économistes qui, par ailleurs, sont en désaccord sur tout, peuvent enfin trouver un terrain d'entente et condamner d'une seule voix la déflation. À leurs yeux, la déflation est condamnable, et la question est si limpide qu'il n'est pas utile d'en débattre. Les bibliothèques de nos universités sont remplies de livres qui coupent les cheveux en quatre au sujet du chômage, des cycles économiques, etc. On n'y trouve pratiquement jamais une monographie sur la déflation. Sa condamnation n'est jamais mise en question. [7]

Mais cet accord tacite repose sur des bases fragiles. Dans les circonstances actuelles, pour sauvegarder de façon pérenne nos libertés, il faut impérativement prendre parti pour la déflation.

### II. À QUOI L'INFLATION SERT-ELLE ?

Lorsque l'on touche à la monnaie et aux banques, pratiquement toutes les questions de politique se réduisent, en dernière analyse, à une même question centrale : peut-on améliorer ou détériorer la situation d'une économie en augmentant ou en diminuant la masse monétaire ? [8]

Aristote affirmait que la monnaie n'entrait pas dans la richesse d'une nation, car elle était simplement un moyen d'échange interrégional, et son opinion a fait autorité à travers toute la pensée médiévale sur la monnaie. Les scolastiques ont donc consacré très peu de place à l'étude des bienfaits qu'une augmentation de la masse monétaire pouvait avoir pour l'économie. Leur attention s'est concentrée sur la question de savoir si l'altération de la monnaie était ou non légitime, car ils avaient compris que c'était un sujet important pour la justice sociale. [9] Lorsque la science économique est née, au dix-huitième siècle, à leur tour les économistes classiques n'ont pas rejeté cette conclusion centrale. David Hume, Adam Smith, et Étienne Bonnot de Condillac ont fait remarquer que la monnaie n'est ni un bien de consommation ni un bien de production et que, par conséquent, sa quantité n'a aucune incidence sur la richesse d'une nation. [10] Cette intuition profonde allait inspirer les débats économiques de quatre ou cinq générations successives d'économistes — des hommes tels que Jean-Baptiste Say, David Ricardo, John Stuart Mill, Frédéric Bastiat, et Carl Menger — qui ont toujours été favorables à une monnaie fiable.

Il s'en suit que l'Occident a bénéficié d'une monnaie beaucoup plus fiable au dix-neuvième qu'au vingtième siècle. Les grandes masses de la population payaient et étaient payées en pièces frappées dans des métaux précieux, tels que l'or et l'argent. C'était la monnaie qui rendait ces citoyens, aussi humbles soient-ils, souverains dans leurs affaires monétaires. L'art du monnayage était florissant et produisait des pièces qui pouvaient facilement être authentifiées par les acteurs du marché.

Certains libéraux contemporains ont une vision quelque peu idéalisée de l'époque de l'étalon-or. Il est juste de dire que c'était l'âge d'or des institutions monétaires occidentales, en particulier si on les compare à celles de notre époque, qui ont élevé au rang de dogme une sorte d'alchimie monétaire. Mais il ne faut pas oublier que les institutions à l'époque de l'étalon-or étaient loin d'être parfaites. Les États jouissaient encore du privilège de monopole du monnayage, un héritage des *regalia*, privilèges médiévaux qui banissaient la concurrence d'entrepreneurs offrant de meilleures pièces ou un meilleur système. Les États intervenaient fréquemment dans la production de monnaie à travers des contrôles des prix, baptisés du nom pompeux de bimétallisme. Ils développaient activement la banque à réserves fractionnaires, ce qui permettait d'alimenter le trésor public. Et ils favorisaient l'émergence de banques centrales en attribuant des monopoles légaux à certaines banques privilégiées. Le résultat global de ces lois fut de faciliter l'introduction du papier-monnaie et de retirer les espèces de la circulation. Au début du dix-neuvième siècle, la plus grande partie de l'Europe utilisait du papier-monnaie — pour peu qu'elle utilisât une monnaie dans les échanges. [11] Et jusqu'au terme du siècle, les choses ont peu changé. Parmi les grandes nations, seule l'Angleterre a conservé l'étalon-or durant la majeure partie du dix-neuvième siècle, et les billets de la Banque d'Angleterre étaient largement plus utilisés que les espèces — en fait, il semble que le ratio de réserves de la Banque d'Angleterre est généralement resté autour de 3%, voire encore plus bas. [12]

En clair, les constitutions monétaires du dix-neuvième siècle n'étaient pas parfaites, et nous ne saurions aujourd'hui nous contenter de la pensée monétaire des économistes classiques. [13] David Hume pensait que l'inflation pouvait stimuler la production à court terme. Adam Smith croyait que l'inflation était bénéfique si elle résultait d'une expansion du crédit reposant sur des biens réels de même valeur ; de même, Jean-Baptiste Say était favorable à l'augmentation de la masse monétaire afin de répondre aux besoins du commerce. Smith et Ricardo préconisaient d'augmenter la richesse du pays en remplaçant la monnaie métallique par des billets en papier sans valeur. John Stuart Mill défendait l'idée qu'une monnaie fiable est une monnaie dont le pouvoir d'achat est stable. Ces erreurs dans les théories monétaires de Hume, Smith, Ricardo et Mill sont bien entendu secondaires, à côté de leur principale intuition qui est, répétons-le, que la richesse d'une nation ne repose pas sur des variations de la masse monétaire. Mais une nouvelle génération d'étudiants, contaminés par le virus de l'étatisme — l'adoration de l'État — enterra finalement cette idée, et ainsi la science des économistes classiques a disparu au vingtième siècle, où seules leurs erreurs ont triomphé.

Des hommes tels que Irving Fisher, Knut Wicksell, Karl Helfferich, Friedrich Bendixen, Gustav Cassel, et tout particulièrement John Maynard Keynes, se sont engagés dans une campagne virulente contre l'étalon-or. Ces partisans de l'inflation ont reconnu l'intuition des économistes classiques, selon laquelle la richesse d'une nation ne dépend pas de sa masse monétaire, mais ils ont expliqué que cela n'était vrai qu'à long terme. Dans le court terme, la planche à billets pouvait faire des miracles. Elle pouvait faire baisser le chômage et stimuler la production et la croissance économique.

Qui repousserait une telle corne d'abondance ? Et pourquoi ? La plupart des économistes soulignent que le coût de l'inflation en termes de perte de pouvoir d'achat – les estimations vont jusqu'à une baisse de 98% du pouvoir d'achat du dollar américain depuis que la Réserve Fédérale a pris le contrôle de la masse monétaire. Mais un siècle d'inflation a eu d'autres effets, qui sont moins bien connus. Le papier-monnaie a produit plusieurs grandes crises, chacune plus profonde que la précédente. Qui plus est, le papier-monnaie a transformé en profondeur la structure financière des économies occidentales. Au début du vingtième siècle, la plupart des entreprises et groupes industriels étaient auto-financés, et les banques et autres intermédiaires financiers ne jouaient qu'un rôle secondaire. De nos jours, la proportion s'est inversée, principalement sous l'effet du papier-monnaie. Le papier-monnaie a provoqué une augmentation sans précédent de la dette à tous les niveaux : État, entreprises, et ménages. Il a financé la croissance de l'État à tous les niveaux : fédéral, états, et local. De nos jours, la menace totalitaire repose techniquement sur le papier-monnaie.

Les effets soi-disant positifs de l'inflation à court terme perdent beaucoup de leur attrait, lorsque ses conséquences à long terme sont prises en compte. Mais le plus ironique est que même ces effets positifs à court terme sur l'emploi et la croissance sont illusoires. Un examen attentif révèle que l'inflation n'apporte aucun bénéfice systématique à court terme. En d'autres termes, l'inflation peut avoir quelques avantages par accident, dans des circonstances particulières très favorables, mais il n'y a aucune raison de penser que ces retombées positives seront plus importantes que les retombées négatives — bien au contraire ! La principale conséquence de l'inflation est de redistribuer les ressources. Ceci bénéficie à court terme à certains membres de la société, mais ces avantages sont compensés par des pertes à court terme supportées par les autres membres de la société.

Le grand économiste français Frédéric Bastiat a établi la règle selon laquelle les retombées positives d'une intervention publique sur le marché ne sont jamais qu'une partie des conséquences de l'action de l'État. Mais il y a une autre conséquence dont l'État ne se vante pas, car elle démontre la futilité de telles interventions. Lorsque l'État prélève l'impôt pour subventionner la production d'acier, l'industrie de l'acier, les salariés, les actionnaires, tous en bénéficient à l'évidence. Mais cette intervention nuit à d'autres intérêts. En particulier, les contribuables ont moins d'argent pour financer les autres industries. Et ces autres industries et leurs clients sont également pénalisés parce que l'industrie de l'acier peut maintenant payer des salaires plus élevés et des loyers plus chers, soutirant ainsi des facteurs de production qui sont recherchés dans les autres branches également.

Il en va de même de l'inflation. Il n'y a absolument aucune raison de penser qu'une augmentation de la masse monétaire engendrera plus de croissance, plutôt que moins de croissance. Il est vrai que les entreprises qui reçoivent la monnaie fraîchement imprimée sont avantagées. Mais les autres entreprises sont pénalisées par le fait même qu'elles ne peuvent plus payer les salaires et les loyers surélevés que les entreprises privilégiées peuvent maintenant se permettre. Tous les autres détenteurs de monnaie, fussent-il des entrepreneurs ou bien des salariés, sont pénalisés également, car leur monnaie a désormais un pouvoir d'achat moins élevé que celui qu'elle aurait eu sinon.

De même, il n'y a aucune raison pour que l'inflation puisse réduire plutôt qu'augmenter le chômage. Les gens perdent leur emploi ou demeurent au chômage, soit lorsqu'ils ne désirent pas travailler, soit lorsque la loi leur interdit de travailler au niveau de salaire qu'un employeur est prêt à payer. L'inflation n'y change rien. L'inflation n'aboutit qu'à réduire le pouvoir d'achat de l'unité monétaire. Si les salariés anticipent cette évolution, ils peuvent demander une augmentation de leur salaire nominal afin de compenser la baisse de leur pouvoir d'achat. À l'inverse, elle peut même avoir l'effet contraire, en l'occurrence augmenter le chômage, si les salariés surestiment la baisse de salaire réel due à l'inflation dans leurs demandes d'augmentation de salaire. Ce n'est que dans le cas où ils ignorent que la masse monétaire a augmenté qu'ils consentiront à travailler plutôt qu'à rester au chômage. Un plan destiné à faire baisser le chômage par l'inflation repose donc sur une stratégie naïve — pour ne pas dire plus — consistant à tromper les salariés. [14]

Pour les mêmes raisons, l'inflation ne constitue pas un remède au problème de la rigidité des salaires – qui résulte du pouvoir exercé par les organisations syndicales. Les salaires ne sont rigides que dans la mesure où les salariés décident de ne pas travailler. Mais la vraie question est : durant combien de temps peuvent-ils se passer de travail ? Et la réponse à cette question est que cette durée est fortement limitée par la taille de leur épargne. Dès que l'épargne d'un salarié est épuisée, bon gré mal gré, il offre ses services même à un salaire inférieur. Il s'ensuit que, sur un marché libre du travail, les salaires sont toujours suffisamment flexibles. La rigidité n'entre en ligne de compte que comme conséquence de l'intervention publique, en particulier sous la forme a) d'allocations chômage financées par l'impôt, et b) de lois donnant aux syndicats un monopole de l'offre de main d'œuvre.

Puisque l'économie du travail n'est pas notre thème central, nous pouvons passer directement au lien entre le chômage et la politique monétaire. L'inflation résout-elle le problème de la rigidité des salaires ? La réponse est non, pour les raisons déjà indiquées. L'inflation ne permet de surmonter la rigidité des salaires que dans la mesure où les syndicats ne s'attendent pas à voir la production de papier-monnaie augmenter. Pour peu qu'ils anticipent les décisions des responsables de la planche à billets, l'inflation ne réduit absolument pas le chômage, et peut même l'augmenter. [15]

### III. QU'EST-CE QUE LA DÉFLATION ?

Du point de vue des intérêts communs de l'ensemble des membres de la société, la masse monétaire n'a aucune incidence. N'importe quelle quantité de monnaie procure tous les services que l'échange indirect rend possibles, aussi bien à court que dans le long terme. Cette vérité est la base de tout raisonnement économique solide.

Et c'est un élément essentiel pour comprendre la déflation. À la lumière de ce principe, que les économistes classiques ont découvert, on voit que la déflation n'est en rien une malédiction pour tous les membres de la société, contrairement à une opinion répandue. La déflation est un phénomène monétaire, et en tant que tel, elle modifie en effet la distribution des richesses entre les individus et entre les diverses couches de la société, ainsi que l'importance relative des différents secteurs de l'industrie. Mais elle n'affecte pas la richesse totale de la société. La déflation est une réduction importante de la quantité de monnaie et de substituts monétaires, et elle entraîne un déclin rapide des prix nominaux. Aussi sévères soient de telles circonstances pour un grand nombre de gens, ce n'est absolument pas une menace vitale pour la société dans son ensemble. [16]

Imaginons que tous les prix chutent demain de 50%. Ceci nous empêcherait-il de nous nourrir, de nous vêtir, de nous abriter, et de nous déplacer ? Non, puisque la disparition de la monnaie ne s'accompagne pas de la disparition de la structure de production physique. Lors d'une déflation violente, il y a beaucoup moins de monnaie en circulation qu'il n'y en avait d'habitude, et il est impossible de vendre ses produits et services au même prix qu'auparavant. Mais les outils, les machines, les rues, les voitures et les camions, les récoltes et les réserves alimentaires sont toujours là. Par conséquent, la production peut continuer, et même continuer de manière rentable, car le profit ne dépend pas du niveau des prix auquel les biens sont vendus, mais de la différence entre le prix d'achat et le prix de vente. Une déflation fait baisser ces deux prix, et par conséquent une activité de production rentable peut se poursuivre.

La déflation amène une modification fondamentale. Elle change radicalement la structure des droits de propriété. Les entreprises qui se financent à crédit font faillite, parce que les prix plus bas ne leur permettent pas de rembourser les dettes qu'elles ont contractées avant d'anticiper l'inflation. Les ménages qui doivent rembourser des prêts hypothécaires et d'autres emprunts importants font faillite, parce que leurs revenus diminuent avec la baisse des prix nominaux, tandis que leurs dettes restent au même niveau. Toute tentative de liquider une partie de son patrimoine fait baisser plus encore la valeur de ces actifs, rendant de plus en plus difficile le remboursement des créanciers. Pour reprendre la célèbre expression d'Irving Fisher, « Plus les débiteurs paient, plus ils doivent. »

Mais de cette observation parfaitement exacte, Fisher tirait la conclusion erronée que « la liquidation succombe à ses propres effets. » [17] Soulignons une fois de plus que les banqueroutes — quel que soit le nombre d'individus concernés — n'affectent pas la richesse réelle du pays, et en particulier qu'elles n'empêchent pas la poursuite de la production. C'est que d'autres individus reprennent le contrôle des entreprises et acquièrent les maisons — ceux qui n'étaient pas endettés lorsque la déflation a commencé et qui détenaient de la trésorerie pour acheter des entreprises et de l'immobilier. Ces nouveaux propriétaires peuvent rentabiliser les entreprises avec des prix de vente nettement inférieurs parce qu'ils ont acquis le stock, et obtiennent les autres facteurs de production, à des prix bas également.

En bref, la vraie particularité de la déflation est qu'elle ne dissimule pas la redistribution qui accompagne les variations de masse monétaire. Elle provoque ouvertement la ruine de nombreuses personnes, au bénéfice de nombreux gagnants tout aussi visibles. La déflation comme l'inflation sont, du point de vue que nous avons adopté jusqu'ici, des jeux à somme nulle. Mais l'inflation est une arnaque qui passe inaperçu et se prête donc très bien à l'exploitation de la population par ses (fausses) élites, tandis que la déflation se traduit par une redistribution qui s'affiche à travers des banqueroutes régies par la loi.

### IV. LES CONSÉQUENCES DE LA DÉFLATION

Ces propos pourraient suffire à notre analyse. Nous avons vu que la déflation n'est pas mauvaise en soi, et qu'il est donc loin d'être évident qu'une bonne politique monétaire doive chercher à la prévenir, ou atténuer ses effets à tout prix. La déflation fait beaucoup de perdants, et nombre d'entre eux sont des gens parfaitement innocents qui n'ont simplement pas été assez clairvoyants pour anticiper cet événement. Mais la déflation fait aussi de nombreux gagnants, et elle punit aussi de nombreux entrepreneurs politiques qui ont prospéré grâce à leur proximité avec ceux qui contrôlent la production de monnaie à cours forcé.

La déflation n'est certainement pas un simple renversement de l'inflation qui a précédé, réparant les dommages causés par la redistribution antérieure. Elle amène son lot de redistribution qui vient s'ajouter à celle du tour précédent causée par l'inflation. [18] Mais il serait faux de croire de ce fait qu'une inflation suivie d'une déflation serait nuisible sur le plan économique, sous prétexte qu'elle entraînerait de nouvelles redistributions. Le fait est que toute politique monétaire a des effets redistributifs. En particulier, une fois que la déflation des substituts monétaires est entamée, la seule manière de la combattre est par l'inflation de la monnaie de base, et cette politique aussi provoque une redistribution et donc fait des gagnants et des perdants.

Il s'en suit qu'il n'y a aucune raison économique de combattre la déflation par la politique monétaire, au lieu de la laisser suivre son cours. Aucune de ces politiques ne profite au pays dans son ensemble, mais seule une partie de la population en bénéficie au détriment du reste. Aucun fonctionnaire ne peut rendre service à tous ses concitoyens en adoptant une posture strictement opposée à la déflation. Pas plus qu'il ne peut se réfugier derrière l'autorité de la science économique pour fonder une telle politique.

Mais il ne faut pas négliger un autre point de vue, qui joue un rôle décisif dans notre problème. Il résulte du fait que, en pratique, il n'y a à chaque instant que deux options fondamentales, et pas plus, pour la politique monétaire : la première option consiste à augmenter la quantité de papier-monnaie ; la seconde option consiste à ne pas l'augmenter. La question est de savoir laquelle de ces deux options s'accorde le mieux avec les principes fondamentaux sur lesquels une société libre est bâtie.

## V. LA MONNAIE DANS UNE SOCIÉTÉ LIBRE

Comment la monnaie serait-elle produite dans une société libre ? Notons tout d'abord que la quantité de monnaie est sans importance pour la richesse d'une nation, et que cela ne doit pas être confondu avec l'idéal consistant à stabiliser la masse monétaire. Ce dernier idéal est en réalité une utopie, et ne découle pas de ce qui précède. Il n'y a rien de mal à augmenter ou diminuer la quantité de monnaie. L'erreur consiste à croire que de telles augmentations ou diminutions sont profitables à la société dans sa totalité. La question : dans quel but la quantité de monnaie doit-elle être modifiée ? n'a rien à voir avec le bien et le mal. La question est plutôt de savoir qui a le droit de modifier la quantité de monnaie ? Dans une société libre, la réponse est évidente : tous les producteurs de monnaie ont le droit de produire de la monnaie, et tous les propriétaires de monnaie ont le droit d'utiliser leur bien comme ils l'entendent.

Dans une société réellement libre, la production de monnaie est une question de libre entreprise. La monnaie est produite et vendue comme n'importe quelle autre marchandise ou service. Cela signifie en particulier que, dans une société libre, la production de monnaie est une activité concurrentielle. Elle consiste à extraire du minerai de métaux précieux, à frapper des pièces, et les activités minières tout comme la frappe sont soumis à la concurrence des autres acteurs du marché. En vendant son produit, le producteur est en concurrence avec tous les gens qui détiennent de la monnaie et désirent acquérir le même bien que lui. En achetant les facteurs de production, la monnaie du producteur est en concurrence avec les producteurs de chaises, de représentations de théâtre, de téléphones, de tapis, de voitures, etc. Dans une société libre, la production de monnaie est limitée à l'intérieur de marges étroites, lesquelles sont déterminées par le désir des autres membres de la société de coopérer avec les producteurs de monnaie plutôt qu'avec quelqu'un d'autre.

Quelle genre monnaie prévaudrait dans une société libre ? Théoriquement, et historiquement, on aboutit à la même conclusion : une société libre utiliserait comme monnaie des métaux précieux tels que l'or. Les paiements seraient effectués en pièces d'or, d'argent, de platine, de cuivre, ou toute autre substance présentant à la fois la rareté et les caractéristiques physiques de ces métaux.

À l'inverse, le papier-monnaie a toujours été une monnaie à cours forcé, c'est-à-dire qu'il a été imposé par la coercition de l'État. Ce n'est pas la monnaie du marché mais la monnaie d'une société partiellement réduite à l'esclavage.

## VI. L'INTERVENTIONNISME MONÉTAIRE

Dans une société libre, la production de monnaie est une question de libre association. Chacun, des mineurs aux propriétaires des mines, des monnayeurs aux clients qui leurs achètent leurs pièces — tous bénéficient de la production de monnaie. Aucun d'entre eux ne viole les droits de propriété d'aucun autre, car tout le monde est libre d'ouvrir une entreprise d'extraction de minerai et de monnayage, et personne n'est obligé d'acheter le produit.

Il en va tout autrement lorsque l'on examine la production de monnaie dans les régimes interventionnistes, qui ont prévalu en Occident depuis 150 ans. Ici, il faut mentionner tout particulièrement deux formes d'interventionnisme monétaire institutionnalisées : la banque à réserves fractionnaires (frauduleuse) et la monnaie à cours forcé. La caractéristique commune de ces deux institutions est qu'elles violent le principe de libre association. Elles permettent aux producteurs de papier-monnaie et de billets de banque d'augmenter leur production en violant les droits de propriété d'autres personnes.

Une banque commet une fraude dès lors qu'elle vend des substituts monétaires non couverts ou seulement partiellement couverts, qu'elle présente comme un titre de propriété de plein droit sur de la monnaie. Cette banque vend plus de certificats monétaires qu'elle n'aurait pu le faire si elle avait pris le soin de garder 100% de réserves pour chaque certificat émis. [19]

Le producteur de monnaie à cours forcé (de nos jours, du papier-monnaie) vend un produit qui ne ferait pas le poids face à la concurrence d'autres monnaies produites par le marché, telles que les pièces d'or et d'argent, et les acteurs du marché l'acceptent uniquement parce que l'utilisation des autres monnaies est strictement limitée ou purement et simplement interdite. La meilleure preuve en est que dans tous les pays le papier-monnaie a été protégé par des lois de cours légal. Le papier-monnaie est fondamentalement une monnaie à cours forcé ; il ne peut pas émerger sauf lorsqu'il est imposé par l'État. [20]

Dans les deux cas, la production de monnaie est excessive car elle n'est plus limitée par l'association volontaire et éclairée d'un public d'acheteurs. Sur un marché libre, le papier-monnaie ne pourrait pas résister à la concurrence des monnaies métalliques, bien meilleures. Toute production de papier-monnaie est donc excessive selon les standards d'une société libre. De même, la banque à réserves fractionnaires produit des quantités excessives de substituts monétaires, du moins ceux pour lesquels les clients n'ont pas été informés qu'ils n'étaient que partiellement couverts par des réserves, et qui ne constituent pas d'authentiques titres monétaires.

Selon la définition de Rothbard, que nous avons adaptée pour les besoins de cette étude au cas du papier-monnaie, cette production excessive de monnaie et de titres monétaires constitue de l'inflation. L'inflation engendre une redistribution injustifiée des revenus en faveur de ceux qui reçoivent la nouvelle monnaie et les nouveaux titres en premier, et au détriment de ceux qui les reçoivent en dernier. En pratique, la redistribution joue toujours en faveur de ceux qui produisent la monnaie à cours forcé (auxquels nous donnons le nom trompeur de banques centrales) et de leurs partenaires dans le secteur bancaire et boursier. Bien entendu, l'inflation joue en faveur des États et de leurs plus proches alliés dans les affaires. L'inflation est le moyen par lequel ces individus et ces groupes s'enrichissent, sans aucune justification, au détriment de la population en général. S'il y a un peu de vérité dans la caricature que les socialistes font du capitalisme — un système économique qui exploite les pauvres au bénéfice des riches — alors cette caricature peut s'appliquer à un système capitaliste prisonnier de l'inflation. Le flux incessant de papier-monnaie rend les riches et les puissants plus riches et plus puissants qu'ils ne le seraient s'ils dépendaient exclusivement du soutien volontaire de leurs concitoyens. Et comme elle protège l'establishment politique et économique national de la concurrence du reste de la société, l'inflation bloque la mobilité sociale. Les riches restent riches (plus longtemps) et les pauvres restent pauvres (plus longtemps) que dans une société libre. [21]

Le célèbre économiste Joseph Schumpeter a présenté l'inflation comme facilitant l'innovation. Selon sa vision, l'émission inflationniste de billets de banque sert à financer les projets d'entrepreneurs qui ont de grandes idées mais manquent de capital. [22] Même si nous faisons abstraction du caractère immoral de cette proposition, qui consiste à subventionner tout entrepreneur autoproclamé aux dépens des autres membres de la société sans leur consentement, il faut ajouter que, à la lumière des exemples historiques, la vision de Schumpeter relève de l'utopie. En pratique, l'expansion du crédit financée par la planche à billets est l'exact opposé de ce qu'il faudrait pour combattre l'establishment économique. C'est le moyen de subsistance d'un establishment qui ne peut pas, ou ne peut plus, résister à la concurrence de ses compétiteurs.

Il n'est pas exagéré de dire que l'inflation est une forme de vol à grande échelle, en faveur de la minorité politiquement bien placée, et au détriment des masses indigentes. Elle s'accompagne toujours d'une concentration du pouvoir politique entre les mains de ceux qui ont le privilège d'avoir une banque agréée, et de ceux qui contrôle la production de papier-monnaie. Elle encourage la formation de dettes, place la société à la merci des autorités monétaires que sont les banques centrales et, de ce fait, amène une corruption morale de la société. [23]

## VII. TROIS SCÉNARIOS D'ARRÊT DE L'INFLATION

L'inflation, lorsqu'elle est produite par la banque à réserves fractionnaires et la monnaie à cours forcé, est une pratique vouée à l'échec. Elle sème les germes de sa propre destruction et, comme nous le verrons, cette destruction se produit généralement par la déflation. Nous distinguerons trois scénarios d'arrêt du processus inflationniste [24] :

Tout d'abord, une crise de liquidité du système de banques à réserves fractionnaires peut se terminer par une panique, c'est-à-dire une baisse brutale de la demande de substituts monétaires. Cela provoque une réduction drastique de la masse monétaire, qui entraîne une baisse des prix nominaux, affectant tous les acteurs du marché qui ont financé leurs activités par endettement. Après la panique, les prix de vente nominaux réduits ne suffisent plus pour rembourser les dettes contractées à l'époque où les prix nominaux étaient élevés. À leur tour, de nombreux créanciers sont menacés, parce qu'ils ne peuvent obtenir le remboursement de leurs prêts et ne peuvent donc payer leurs propres dettes. Ainsi, la crise de liquidité de notre système de banque à réserves fractionnaires déclenche un effondrement financier généralisé. On touche le fonds, dans un régime de monnaie-marchandise, après que tous les substituts monétaires ont disparu et que les acteurs du marché se remettent à utiliser la monnaie-marchandise ou bien des monnaies concurrentes, comme la monnaie d'un pays étranger. Une fois que la déflation a dégagé le paysage, les banques à réserves fractionnaires et autres formes d'intermédiation ont une place bien moins importante dans l'économie. Les entreprises et les ménages se mettent à financer une plus grande part de leurs achats par de l'épargne préalable. En clair, le processus de décision financier est plus prudent et plus décentralisé qu'auparavant.

Ce premier scénario était courant durant le dix-neuvième siècle et jusqu'à la grande dépression qui, selon Irving Fisher et les premiers économistes de l'école de Chicago, fut causée par une crise de liquidité dans les banques à réserves fractionnaires, entraînant une déflation par le crédit. Ce scénario est devenu plus rare après l'introduction de la garantie des dépôts qui, pratiquement, revenait à rétablir aux États-Unis un système avec 100% de réserves. [25]

Il reste d'actualité, cependant, en ce qui concerne les crises financières plus récentes en Russie, au Brésil, en Argentine, et dans certains pays d'Asie, en particulier ceux dont la monnaie était gérée avant la crise comme un substitut du dollar américain.

Deuxièmement, la banque à réserves fractionnaires, lorsqu'elle est frauduleuse, peut entraîner une mauvaise allocation intertemporelle des ressources et faire chuter le taux d'intérêt sur le marché en-dessous de son niveau d'équilibre. Les entrepreneurs investissent une trop grande part des ressources disponibles dans les étapes amont de la chaîne de production, et pas suffisamment dans les étapes aval de la structure de production. Les problèmes apparaissent après un certain temps, lorsque de nombreuses entreprises se déclarent en faillite. À son tour, ce phénomène provoque la banqueroute des créanciers, en particulier les banques à réserves fractionnaires, et mène à l'enchaînement décrit plus haut. La différence avec le scénario précédent réside dans le facteur causal de la panique bancaire. Dans le premier, la panique se déclenche plus ou moins par accident, lorsque l'un des acteurs importants du marché — par négligence ou du fait qu'il n'a pas anticipé les événements — fait faillite et entraîne avec lui le château de cartes. Le scénario que nous examinons ici se distingue parce que la panique bancaire est la conséquence inéluctable des erreurs d'allocation des ressources résultant de l'augmentation injustifiée de la masse monétaire.

Il subsiste une controverse sur la question de savoir si ce scénario correspond ou non à un épisode de crise historique. De nombreux économistes autrichiens estiment que cela correspond à la grande dépression et à de nombreuses crises passées. Quoi qu'il en soit, c'est certainement un scénario envisageable, et il se traduit également par une réduction massive des substituts monétaires. De ce fait, dans ce scénario, l'inflation se termine traditionnellement par un effondrement déflationniste de la finance. Le rôle des banques et de l'intermédiation financière dans l'économie se trouve réduit, et le processus de décision financier devient plus prudent et plus décentralisé.

Les deux scénarios précédents mettent en jeu une baisse soudaine de la demande de substituts monétaires, qui provoque subitement le retrait physique de ces substituts de la circulation, tandis que les acteurs du marché se mettent à utiliser la monnaie de base. À l'inverse, dans le cas du papier-monnaie, il est plus difficile d'imaginer une déflation rapide au sens que nous entendons ici — une réduction de la masse monétaire. La raison en est que le papier-monnaie est protégé par des lois de cours légal et autres dispositions législatives. La seule alternative au papier-monnaie est donc le troc, et le troc est si peu efficace par rapport aux échanges monétaires que les acteurs préfèrent généralement utiliser des monnaies très inflationnistes plutôt que de revenir au troc. Dans tous les cas connus, il a fallu des conditions extrêmes — une baisse du pouvoir d'achat de la monnaie heure par heure, rendant les échanges monétaires impossibles — avant que les acteurs du marché décident de passer outre la loi de cours légal et d'utiliser d'autres monnaies.

Ces trois scénarios recouvrent probablement la plupart des exemples historiques dans lesquels l'inflation s'est interrompue. Si nous relions cela à notre analyse comparative de la production libre et de la production forcée de monnaie et de substituts monétaires, nous arrivons à la conclusion que la déflation n'est pas simplement un jeu à somme nulle qui profite à certains individus et certains groupes au détriment d'autres individus et d'autres groupes. La déflation est plutôt un grand promoteur de la liberté. Elle stoppe l'inflation et détruit les institutions qui la produisent. Elle abolit l'avantage relatif dont jouissent les financements à crédit, sous un régime d'inflation, par rapport aux investissements financés par de l'épargne. Par conséquent, elle décentralise le processus d'investissement et rend les banques, les entreprises, et les individus plus prudents et plus autonomes qu'ils ne l'auraient été sous un régime inflationniste. Plus important, la déflation éradique le détournement de revenus qui résulte du monopole légal des banques centrales. Elle sape ainsi les fondations économiques des fausses élites et les force à se transformer rapidement en vraies élites, sous peine d'abdiquer et de laisser la place à de vrais entrepreneurs et autres meneurs de la communauté.

Il n'est pas anodin que les auteurs du rapport MacMillan, qui ont analysé en 1931 la crise financière mondiale, aient reconnu et souligné que la déflation était avant tout un problème politique. Ils avaient parfaitement compris que la déflation amène la chute de l'establishment politico-économique, qui se nourrit de l'inflation et de la dette, et qu'elle provoque ainsi un renouvellement des élites. Feu lord Keynes et ses coauteurs — parmi lesquels figuraient plusieurs personnalités de l'industrie bancaire à Londres, ainsi que les dirigeants de plusieurs mouvements coopératifs et syndicaux britanniques — étaient naturellement convaincus que leur pays ne pourraient pas se passer d'eux. [26]

La déflation met un coup d'arrêt — du moins temporairement — à la consolidation et à la concentration du pouvoir entre les mains du gouvernement fédéral, notamment sa branche exécutive. Elle ralentit la croissance de l'État-providence, si elle n'amène pas tout simplement son implosion. En clair, la déflation est potentiellement une immense force libératrice. Non seulement elle ratiboise un système monétaire jusque-là hypertrophié, mais elle ramène à la réalité la société toute entière, parce qu'elle retire leurs moyens économiques aux ingénieurs sociaux, conseillers en communication et autres laveurs de cerveaux. [27] À la lumière de ces considérations, la déflation n'est pas juste une option politique intéressante, que l'on pourrait comparer à une alternative telle que la réinflation. Si notre objectif est de préserver — et si nécessaire de rétablir — une société libre, la déflation est la seule politique monétaire acceptable.

Le cas du Japon doit nous servir d'avertissement. La profonde récession japonaise au début des années 1990 menaçait l'establishment tant politiquement qu'économiquement. Au Japon, la consolidation et la centralisation du pouvoir ont commencé après la seconde guerre mondiale, lorsque les conseillers économiques des forces d'occupation américaines ont imposé des mesures socialistes et keynésiennes à leur ancien ennemi. Mais à partir de la fin des années 1980, le processus était si avancé qu'il était politiquement impossible de laisser la déflation faire le ménage dans l'économie et la politique. Dans les années 1990, le gouvernement japonais a tenté de relancer l'économie par des doses croissantes d'inflation. Mais le résultat fut de maintenir artificiellement en vie les conglomérats désespérément bureaucratiques et corrompus qui contrôlent l'industrie japonaise, la banque et la politique. [28] Après pratiquement quinze ans d'inflation irresponsable, la crise économique japonaise s'est mutée en une crise politique plus profonde qui finira par mener le pays au bord de la révolution.

C'est ce qui menace également l'Occident, si les citoyens laissent la main à leurs gouvernements dans les affaires monétaires.

VIII. CONCLUSION

En conclusion, soulignons nos principales conclusions. La déflation est loin d'être une mauvaise chose en soi. Bien au contraire, elle joue un rôle socialement utile en débarassant l'économie et le corps politique de toute une série de parasites qui ont prospéré durant l'inflation antérieure. Les dangers de la déflation sont purement imaginaires, mais ses charmes biens réels. Il n'y a absolument rien à redouter dans les effets économiques de la déflation — sauf si l'on confond le bien-être d'une nation avec le bien-être de ses fausses élites. À l'inverse, il y a tout à craindre de la politique opposée — à savoir la réinflation, qui n'est bien entendu rien d'autre que de l'inflation pure et simple — en raison de ses conséquences politiques et économiques.

L'objectif de cet essai n'est pas de convaincre nos autorités monétaires. Il n'y a absolument aucun espoir que la Réserve Fédérale ou tout autre producteur de monnaie à cours forcé changera de politique dans un avenir proche. Mais il est temps que les amis de la liberté changent d'avis sur la question vitale de la déflation. Trop d'idées fausses à ce sujet ont laissé à nos gouvernements trop de marges de manœuvre, dont ils ont amplement abusé. À la fin nous devrons reprendre des mains de nos gouvernements le contrôle de la monnaie, et rétablir le principe de la libre association dans le domaine de la production monétaire. La première étape pour soutenir et promouvoir cette stratégie est de comprendre que l'État ne joue – et ne peut jouer – aucun rôle bénéfique quel qu'il soit par le contrôle de la monnaie.

# Notes

[1] Dans le cas des États-Unis, c'est surtout l'État-guerrier qui a contribué à la croissance du gouvernement, plus que l'État-providence ; cf. Robert Higgs, Crisis and Leviathan: Critical Episodes in the Growth of American Government (New York: Oxford University Press, 1987).

[2] Nous suivons en cela Murray N. Rothbard, L'homme, l'économie et l'État (Paris, Charles Coquelin, 2007), qui définit l'inflation comme une augmentation de la masse monétaire plus rapide que l'augmentation des espèces. Tandis que la définition de Rothbard est adapté à un système de banque à réserves fractionnaires basé sur une monnaie marchandise, notre définition est adaptée au cas particulier d'une monnaie à cours forcé avec des banques à réserves fractionnaires. Les deux définitions diffèrent de l'usage courant de ce terme, qui veut que l'inflation soit une hausse soutenue du niveau général des prix. Cette dernière définition ne nous est pas très utile, car nous souhaitons analyser les conséquences d'une augmentation de la monnaie de base (qui est constamment déterminée par des choix politiques).

[3] Dans le cadre de cette étude, nous définirons la déflation comme une réduction de la masse monétaire de base, ou des titres financiers convertibles à première demande en monnaie de base. Répétons que cette définition diffère de l'usage courant du terme, qui définit la déflation comme une baisse du niveau des prix. Mais le lecteur pourra constater que notre analyse recouvre les deux aspects — la déflation selon notre définition, et la baisse du niveau général des prix. Le but de notre définition est simplement d'adapter cette analyse à des cas concrets. Les autorités monétaires peuvent toujours éviter la déflation selon notre définition, tandis qu'elles peuvent se trouver dans l'impossibilité d'éviter une baisse des prix, même en injectant d'énormes masses de monnaie de base dans l'économie.

[4] On pourra par exemple se référer aux éditoriaux et articles de journalistes ayant la réputation d'être partisans d'une monnaie fiable, tels que Steve Forbes aux Etats-Unis ou Stefan Baron en Allemagne. On retrouve le même message chez des économistes plutôt raisonnables tels que Jude Wanniski ou Norbert Walter. L'article intitulé « Is the

global recession over ? » Internationale Politik (Transatlantic Edition, automne 2002) : 85-89 par Norbert Walter est tout à fait représentatif.

[5] Cf. Hans Sennholtz, The age of inflation (1979), ch. 6 ; Rothbard, L'homme, l'économie et l'État ; idem, America's great depression, 5ème édition (Auburn, AL.: Ludwig von Mises Institute, 1999), pp. 14-19 ; Ludwig von Mises, « Die geldtheoretische Seite des Stabilisierungsproblems, » Schriften des Vereins für Sozialpolitik 164, no. 2 (1923) ; idem, Theory of money and credit (Indianapolis: Liberty Fund, 1980), pp. 262-68, 453-500 ; idem, L'action humaine, (Paris, Presses Universitaires de France, 1985) ; Murray N. Rothbard, The mystery of banking (New York: Richardson and Snyder, 1983), pp. 263-69 ; idem, The case against the Fed (Auburn, AL.: Ludwig von Mises Institute, 1995), pp. 145-51. Mises et Rothbard ont adopté la même position que Jean-Baptiste Say, qui peignait la déflation comme une pratique nuisible consistant à restaurer une monnaie fiable après une période prolongée d'inflation. Cf. Jean-Baptiste Say, Traité d'économie politique, 6ème éd. (Paris, 1841). Pour un examen du point de vue des économistes autrichiens sur la déflation, cf. Philippe Bagus, « Deflation: when Austrians become interventionnists » (working paper, Auburn, AL.: Ludwig von Mises Institute, April 2003).

[6] Les principaux moyens de propagande ont été les universités publiques en Occident, ainsi qu'une foi exagérée en l'autorité des experts monétaires travaillant pour le FMI, la Banque Mondiale, la Réserve Fédérale et autres agences gouvernementales chargées de la mise en œuvre technique de l'inflation. Comment pourrait-on accorder le statut d'expert en matière monétaire aux employés de ces organisations ? Un cas parallèle est celui des économistes employés par les organisations syndicales qui, parce qu'ils sont payés par un syndicat, sont considérés comme des experts de l'économie du travail. À l'évidence, si les syndicats étaient reconnus comme des associations visant à détruire le marché du travail — ce qu'ils sont pour la plupart — l'expertise de leurs employés apparaîtrait sous un jour plus sombre. C'est vrai également de certains commentateurs dans les affaires monétaires, dont le salaire provient des diverses associations destinées à détruire notre monnaie. Ce n'est pas pour nier qu'il puisse y avoir de bons économistes travaillant au FMI ou à la Réserve Fédérale. Mais nous souhaitons simplement souligner qu'ils ne sont pas qualifiés pour s'exprimer sur le sujet, du fait de leur situation professionnelle. Bien au contraire, étant donné les incitations existantes, il est probable que les bons économistes atterrissent rarement dans ces institutions.

[7] Le grand théoricien contemporain de la déflation est Murray N. Rothbard. Comme nous l'avons indiqué plus haut, le seul défaut de la théorie de la déflation de Rothbard concerne les questions pratiques relatives aux réformes monétaires. Un tour d'horizon des principales doctrines autrichiennes en matière de déflation peut être trouvé chez Joseph T. Salerno, « An austrian taxonomy of deflation » (working paper, Auburn, AL : Ludwig von Mises Institute, février 2002). Parmis les rares non-autrichiens qui analysent la déflation sans un biais excessivement émotionnel, on peut se référer à John Wheatley, An essay on the theory of money and principles of commerce (London : Bulmer & Co., 1807), en particulier sa critique du projet de réforme monétaire de Lord Grenville pp. 346-57 ; Lancelot Hare, Currency and Employment, Deflation of the Currency—A Reply to the Anti-Deflationists (London: P.S. King & Son, 1921) ; Edwin Cannan, The Paper Pound of 1797–1821, 2ème éd. (London: King & Son, 1925); Yves Guyot, Les problèmes de la deflation (Paris: Félix Alcan, 1923); Guyot, Yves et Arthur Raffalovich, Inflation et déflation (Paris: Félix Alcan, 1923).

[8] Lorsque nous parlons d'une économie, nous entendons par là le groupe d'invidivus utilisant la même monnaie. Notre analyse s'applique donc aussi bien aux économies ouvertes qu'aux économies fermées dans l'acceptation usuelle de ces termes, qui se réfère à l'ouverture et à la fermeture des frontières politiques entre des groupes d'individus.

[9] Cf. Aristote, La politique, livre 2, ch. 9 ; Éthique à Nicomaque, livre V, en particulier le ch. 11 ; Nicolas Oresme, Traité sur l'origine, la nature, le droit et les mutations des monnaies, Traité des monnaies et autres écrits monétaires du XIV siècle, Claude Dupuy, ed. (Lyon: La Manufacture, 1989); Juan de Mariana, A Treatise on the Alteration of Money, Markets and Morality 5, no. 2 ([1609] 2002).

[10] Cf. David Hume, "On Money," Essays (Indianapolis: Liberty Fund, [1752] 1985), p. 288; Adam Smith, Wealth of Nations (New York: Random House, [1776] 1994), livre 2, ch. 2, en part. pp. 316s.; Condillac, Le commerce et le gouvernement. 2ème éd. (Paris: Letellier & Maradan, 1795), en part. p. 86.

[11] A l'époque que John Wheatley relate, en Angleterre, en Ecosse et en Irlande, au Danemark et en Autriche, on ne voit pratiquement que du papier. En Espagne, au Portugal, en Prusse, en Suède et en Russie occidentale, le papier est nettement plus répandu. Et ce n'est qu'en France, en Italie et en Turquie que les espèces semblent prévaloir. (An essay on the theory of money and principles of commerce, p. 287)

[12] Cf. Jacob Viner, International Aspects of the Gold Standard, « Gold and Monetary Stabilization, » Quincy Wright, ed. (Chicago, Chicago University Press, 1932), pp. 5, 12. Viner insiste sur le fait qu'avant la première guerre mondiale, l'étalon-or était finalement assez semblable à l'étalon de change-or de l'Entre-deux-guerres. C'était un standard géré (p. 17). Ceci affaiblit la thèse de Jacques Rueff, pour qui l'étalon de change-or a constitué un saut quantitatif dans la détérioration du système monétaire international. Cf. Jacques Rueff, Le péché monétaire de l'Occident (Paris : Plon, 1971).

[13] On trouvera une critique récente des principales erreurs de la pensée monétaire classique dans Nikolay Gertchev, « The Case For Gold—Review Essay, » Quarterly Journal of Austrian Economics 6, no. 4 (2003).

[14] Voir en particulier Mises, Die Ursachen der Wirtschaftskrise (Tübingen: Mohr, 1931) ; traduit par « The Causes of the Economic Crisis, » dans On the Manipulation of Money and Credit (Dobbs Ferry, N.Y.: Free Market Books, 1978). Voir également Mises, « Wages, Unemployment, and Inflation, » Christian Economics 4 (March 1958) ; réédité dans Mises, Planning For Freedom, 4ème éd. (South Holland, Ill.: Libertarian Press, 1974), pp. 150ff. La présence pérenne du chômage de masse en Allemagne, en France et dans d'autres pays européens semble porter un coup fatal à la thèse keynésienne. On serait plutôt porté à penser que les organisations syndicales de ces pays surestiment le taux d'inflation.

[15] Sur ce thème, voir en particulier William Harold Hutt, The Theory of Collective Bargaining (San Francisco: Cato Institute, [1954] 1980); idem, The Strike-Threat System (New Rochelle, N.Y.: Arlington House, 1973); idem, The Keynesian Episode (Indianapolis: Liberty Press, 1979).

[16] Ceci est implicitement reconnu dans les rares travaux sur le management qui traitent de l'entreprenariat en environnement déflationniste. Cf. par exemple Daniel Stelter, Deflationäre Depression: Konsequenzen für das Management (Wiesbaden: Deutscher Universitäts-Verlag, 1991); A.G. Shilling, Deflation: Why It's Coming, Whether It's Good or Bad, and How It Will Affect Your Investments, Business, and Personal Affairs (Short Hill, N.J.: Lakeview, 1998); idem, Deflation: How to Survive and Thrive in the Coming Wave of Deflation (New York: McGraw-Hill, 1999); Robert R. Prechter, Conquer the Crash: You Can Survive and Prosper in a Deflationary Depression(New York: Wiley, 2002).

[17] Irving Fisher, « The Debt-Deflation Theory of Great Depressions », Econometrica 1, no. 4 (October 1933): 344. Voir aussi Lionel D. Edie, The Future of the Gold Standard, Gold and Monetary Stabilization, Quincy Wright, éd. (Chicago: Chicago University Press, 1932), pp. 111–30. Pages 122–26, Edie prône ce que Keynes nommera plus tard la demande globale.

[18] Cf. Mises, Theory of Money and Credit, pp. 262f.; idem, Human Action, p. 414.

[19] Cf. Hans-Hermann Hoppe, Jörg Guido Hülsmann et Walter Block, « Against Fiduciary Media, » Quarterly Journal of Austrian Economics 1, no. 1 (Spring 1998): 19–50 ; Hülsmann, « Has Fractional-Reserve Banking Really Passed the Market Test? » Independent Review 7, no. 3 (2003) ; et la littérature citée dans Hülsmann, « Banks Cannot Create Money, » Independent Review 5, no. 1 (2000). Signalons que cette conclusion est admise par tous les auteurs dans le débat sur la banque à réserves fractionnaires. Contrairement à l'auteur du présent essai, cependant, Lawrence White semble croire que la banque à réserves fractionnaires a rarement – voire n'a jamais – été frauduleuse. Cf. White, « Accounting For Fractional-Reserve Banknotes and Deposits—or, What's Twenty Quid to the Bloody Midland Bank? » Independent Review 7, no. 3 (2003).

[20] Notons que cette conclusion n'est vérifiée que pour le véritable papier-monnaie, et pas nécessairement pour les monnaies nationales constituées de substituts monétaires convertibles en monnaie. Elle ne s'applique pas nécessairement non plus à la monnaie-créance, telle que la livre papier durant les guerres napoléoniennes. Pour une discussion des différences entre la monnaie, la monnaie à cours forcé et la monnaie-créance, cf. Mises, Theory of Money and Credit, pp. 73–76.

[21] De ce point de vue, l'inflation est en symbiose parfaite avec le code fiscale. Le principal avantage du nouvel entrant qui réussit est qu'il a des revenus élevés. Mais de nos jours, l'impôt sur le revenu et l'impôt sur les sociétés parviennent tout à fait à l'empêcher d'accumuler du capital suffisamment vite pour résister à la concurrence de l'establishment. Par conséquent, il n'existe pratiquement plus aucune entreprise qui parvienne à réussir en partant de zéro et à rejoindre le peloton de tête des industries capitalistes. Il a fallu une révolution technologique pour surmonter ces obstacles et permettre à quelques nouvelles entreprises telles que Microsoft de se hisser au sommet de l'industrie américaine. La plupart des entreprises ont de plus en plus recours au financement par

la dette pour financer leurs grands projets. Mais l'intermédiation financière est de nos jours une activité fortement réglementée, et les principales banques sont déjà alliées à l'establishment industriel. Quel intérêt auraient-elles à financer des projets susceptibles de dévaloriser certains de leurs investissements ? On observe une situation similaire dans la finance. Examinons le cas des dettes contractées pour l'achat d'une résidence principale, qui représentent un cas de figure très important. Sous le régime fiscal en vigueur, les contribuables peuvent déduire de leur revenu imposable les intérêts versés sur ces prêts immobiliers, mais ils ne peuvent pas faire de même s'ils paient leur acquisition de leur poche. Il en résulte que pratiquement plus personne de nos jours n'achète une maison comme on le faisait autrefois, à savoir en commençant par épargner d'abord pour payer la maison ensuite. Et le papier-monnaie a facilité l'accès au crédit pour les candidats à l'accession à la propriété. La planche à billets de la Réserve Fédérale a entretenu une bulle immobilière tout comme elle avait entretenu la bulle boursière des années 1990. La bourse s'est d'ores et déjà effondrée dans un tonnerre assourdissant. Le krach immobilier suivra.

[22] Cf. Josef A. Schumpeter, Theorie der wirtschaftlichen Entwicklung (Leipzig: Duncker & Humblot, 1911); traduit par Théorie de l'évolution économique (Paris : Librairie Dalloz, 1935).

[23] Sur ce point, cf. Robert Higgs qui le mentionne brièvement dans "Inflation and the destruction of the free market economy", Intercollegiate Review (Spring 1979).

[24] Cf. Jörg Guido Hülsmann, « Toward a General Theory of Error Cycles, » Quarterly Journal of Austrian Economics 1, no. 4 (1998). La banque à réserves fractionnaires implose dès que, pour une raison ou pour une autre, un nombre suffisamment élevé de clients demandent la conversion de leurs dépôts. Tout augmentation de la masse monétaire peut engendrer une bulle suivie d'un krach à condition que (a) la monnaie nouvellement créée atteigne le marché des capitaux et (b) les entrepreneurs n'anticipent pas une hausse des prix plus importante du fait de la création monétaire. Les erreurs de calcul des entrepreneurs les conduisent à détourner des ressources des projets soutenables vers d'autres qui ne pourront pas être terminés avec les facteurs de production disponibles. Ces erreurs de calcul se traduisent également — et ne sont pas causées par — un taux d'intérêt inférieur au taux d'équilibre. Lorsque les acteurs du marché découvrent leurs erreurs, un grand nombre d'entreprises font faillite, déstabilisant ainsi le bilan des banques, ce qui provoque une crise financière.

[25] Notons que durant la grande dépression, la déflation n'a pas pu aller à son terme. La Fed a gonflé l'économie après que la déflation eut balayé un grand nombre de banques, réduisant leur nombre total à environ 15,000 — soit environ le nombre qui existaient en 1900. Ces élues, protégées par la garantie fédérale des dépôts, ont ensuite prospéré sur l'inflation entretenue par la Fed et leurs actifs sont passés de 51,4 milliards en 1933 à 242,6 milliards en 1957. Cf. R.W.Burgess, ed., Historical Statistics of the United States, Colonial Times to 1957 (Washington, D.C.: Bureau of the Census, 1960).

[26] Cf. Committee on Finance and Industry Report (London: His Majesty's Stationary Office, #3897, 1931). Sur le concept de mobilité sociale de l'élite, voir Vilfredo Pareto, Manuel d'économie politique (Genève: Droz, 1966), ch. 2, §§ 103–07 et ch. 7, §§ 19–21.

[27] Sur les conséquences culturelles de l'inflation, cf. Paul A. Cantor, « Hyperinflation and Hyperreality: Thomas Mann in the Light of Austrian Economics, » Review of Austrian Economics 7, no. 1 (1994).

[28] Sur les tentatives du parti au pouvoir (LDP) pour sauver et soutenir ses alliés dans l'agriculture, la banque et la construction, lire le rapport de Economist Intelligence Unit: Country Profile Japan (London: The Economist, 2001). On trouvera une discussion intéressante visant à expliquer la crise japonaise actuelle comme une trappe structurelle plutôt qu'une trappe à liquidités chez Robert H. Dugger et Angel Ubide, « Structural Traps, Politics, and Monetary Policy » (working paper, Tudor Investment Corporation, May 2002). Voir aussi Edward Lincoln, Arthritic Japan: The Slow Pace of Economic Reform (Washington, D.C.: Brookings Institution, 2001). Sur la question plus générale de la sclérose politico-économique, cf. Mancur Olson, The Rise and Decline of Nations (New Haven, Conn.: Yale University Press, 1984).

www.ingramcontent.com/pod-product-compliance
Lightning Source LLC
Chambersburg PA
CBHW070716180526
45167CB00004B/1492